2787

Syphilis of the heart

1839

X   X9989

ALPHABET

POUR

L'ÉCOLE RÉFORMÉE

FRANÇAISE,

A SAINTE-MARIE-AUX-MINES.

SAINT-DIÉ,
De l'Imprimerie de Trotot. 1829.

(3)

a	b	c	d	e
f	g	h	i	j
k	l	m	n	o
p	q	r	s	t
u	v	x	y	z

---

i	r	u	n	m
l	t	f	b	d
v	y	j	p	q
c	e	o	a	q
h	k	s	x	z

ab	eb	ib	ob	ub
ap	ep	ip	op	up
ad	ed	id	od	ud
at	et	it	ot	ut
am	em	im	om	um
an	en	in	on	un
al	el	il	ol	ul
af	ef	if	of	uf

---

ac	ec	ic	oc	uc
ag	eg	ig	og	ug
ak	ek	ik	ok	uk
ax	ex	ix	ox	ux
ar	er	ir	or	ur
as	es	is	os	us
az	ez	iz	oz	uz
ah	eh	ih	oh	uh

af	ic	ul	eg	on
um	ok	et	ax	is
er	ud	oz	ib	ah
ic	ef	ap	om	ux
od	az	ir	ug	el
en	ad	up	of	ir
us	ob	if	at	ek
ar	im	ex	ur	ot

---

oh	ex	al	ix	uc
it	uk	oz	es	ag
op	ed	ax	iz	em
ek	ul	od	am	ig
id	ab	ep	uk	on
uf	or	ic	er	ak
eb	ud	of	it	ub
al	ih	ut	os	us

be	ba	bo	bu	bi	by	bé	bè
pe	pa	po	pu	pi	py	pé	pè
de	da	do	du	di	dy	dé	dè
te	ta	to	tu	ti	ty	té	tè
fe	fa	fo	fu	fi	fy	fé	fè
ve	va	vo	vu	vi	vy	vé	vè
me	ma	mo	mu	mi	my	mé	mè
ne	na	no	nu	ni	ny	né	nè

---

le	la	lo	lu	li	ly	lé	lè
re	ra	ro	ru	ri	ry	ré	rè
ze	za	zo	zu	zi	zy	zé	zè
xe	xa	xo	xu	xi	xy	xé	xè
je	ja	jo	ju	ji	jy	jé	jè
ge	—	—	—	gi	gy	gé	gè
gue	ga	go	gu	—	—	—	—
que	ca	co	cu	—	—	—	—

se	sa	so	su	si	sé	sè
cę	—	—	—	ci	cé	cè
ye	ya	yo	yu	yi	yé	yè
gnę	gna	gno	gnu	gni	gné	gnè
ke	ka	ko	ku	ki	ké	kè
gue	gua	guo	—	gui	gué	guè
quę	qua	quo	—	qui	qué	què
phę	pha	pho	phu	phi	phé	phè

---

fu	te	pa	lè	xi	né	ja
ré	co	yu	sa	tè	fi	me
mo	ba	dè	ni	fo	he	la
vè	gi	me	tè	qué	za	gu
di	zé	go	bu	ga	vo	dé
za	du	ri	ho	se	bè	qua
be	li	cé	fa	ja	gui	rè
su	nè	ja	ci	bé	mu	hi

be	fy	dè	qui	né	po	ta
na	pè	vu	ly	ro	di	guo
té	mo	ba	du	gue	xa	va
pi	da	quo	mè	vy	lé	ne
lo	vè	mu	pa	tu	gua	ry
rè	lo	xé	ti	cè	ve	ji
xe	que	ru	bo	so	mi	xe
ju	no	le	xu	da	re	bu

---

phe	ko	gné	xè	ya	je	si
ge	zi	jè	va	pho	yè	gne
ku	que	vu	gnè	sé	za	ki
yé	gna	phi	ka	xo	zè	jé
vo	ky	sè	vu	gué	ga	phè
guè	yu	ca	phu	ko	gnu	yo
hu	gé	ké	vi	gne	pha	cu
gni	phé	gè	ye	xé	ky	què

ot	vè	ur	gi	ex	me	im
su	ah	nè	om	ja	ap	ci
ek	mo	at	ba	if	dè	ob
be	is	li	ib	cé	oz	fa
ir	ré	of	co	up	vu	ad
za	on	du	ax	ri	et	ho
el	fu	ug	te	ir	pa	az
di	ux	zé	eg	go	ul	bu

tè	ar	gué	us	za	os	gu
ef	bé	ac	mu	ig	hi	am
ni	ja	er	qui	em	ré	iz
sa	en	té	ak	fi	er	me
ok	se	um	bè	ag	qua	es
lè	od	xi	on	né	uk	jo
ud	us	fo	ub	he	it	la
ic	ga	af	vo	uc	dé	ix

(10)

bu	od	re	ul	da	ek	xu
ut	ne	ih	lé	al	vy	ah
xe	ax	mi	ed	so	op	bo
of	va	ud	xa	eb	gue	im
ji	oz	ve	uk	cè	it	ti
ic	guo	or	di	uf	ro	on
ry	al	gua	ez	tu	oh	pa
ep	ta	ab	po	id	né	ur

---

mè	ir	quo	of	da	up	pi
on	le	ax	no	et	ju	ok
du	ek	ba	at	mo	if	té
is	ru	ib	que	oz	xe	ud
ly	ot	vu	ur	pè	ex	na
ux	xé	om	lo	ap	rè	ef
qui	eg	dè	ul	fy	ic	be
el	mu	ug	vé	ir	lo	az

què	um	ky	ag	xé	es	ye
ad	jé	en	zè	ak	xo	er
cu	er	pha	em	gne	iz	vi
ob	ki	us	za	ub	sé	it
yo	ic	gnu	ig	ko	am	phu
im	gne	ar	yè	us	pho	os
phè	od	ga	on	gué	uk	vu
af	si	uc	je	ix	ya	al

---

ka	ic	phi	or	gna	uf	yé
oz	gè	uk	phé	it	gni	if
gnè	of	vu	ud	que	eb	ku
ax	ké	ed	gé	op	hu	up
va	ut	jè	ih	zi	al	ge
od	ca	ul	yu	ek	guè	az
xe	ez	gué	oh	ko	ex	phe
en	sè	ab	ky	id	vo	ud

bre	bra	bro	bru	bri	bré	brè
pre	pra	pro	pru	pri	pré	prè
dre	dra	dro	dru	dri	dré	drè
tre	tra	tro	tru	tri	tré	trè
fre	fra	fro	fru	fri	fré	frè
cre	cra	cro	cru	cri	cré	crè
gre	gra	gro	gru	gri	gré	grè
vre	vra	vro	vru	vri	vré	vrè

---

ble	bla	blo	blu	bli	blé	blè
ple	pla	plo	plu	pli	plé	plè
cle	cla	clo	clu	cli	clé	clè
fle	fla	flo	flu	fli	flé	flè
gle	gla	glo	glu	gli	glé	glè
sle	sla	slo	slu	sli	slé	slè
tle	tla	tlo	tlu	tli	tlé	tlè
sque	sca	sco	scu	squi	squé	squè

vra	blè	gro	plé	cru	fli	tre
slé	gru	flè	sle	bra	vro	plu
pri	trè	bla	scu	pro	clé	sque
sco	ple	gré	cla	fru	squi	plo
frè	tra	flo	bré	tla	fre	glè
blu	vré	dru	fla	vre	tlé	pra
gle	slo	tli	crè	glu	bro	sli
dra	flu	vre	cli	tré	sca	tru

---

cle	gra	dré	blo	prè	slu	fri
cro	clé	fra	pre	glo	prè	clu
tlé	fro	cre	sli	tlu	pla	dre
vri	glé	sla	vru	squé	bre	gli
slè	cri	tle	gla	fle	dri	pré
pru	squè	vrè	blé	bru	ble	tlo
flé	dro	bli	gri	plè	tro	fré
gre	tri	cré	clo	cra	drè	pli

sbe sba sbo sbu sbi sbé sbè
spe spa spo spu spi spé spè
sve sva svo svu svi své svè
sfe sfa sfo sfu sfi sfé sfè
sme sma smo smu smi smé smè
sne sna sno snu sni sné snè
sle sla slo slu sli slé slè
ste sta sto stu sti sté stè

---

pne pna pno pnu pni pné pnè
pse psa pso psu psi psé psè
cne cna cno cnu cni cné cnè
tse tsa tso tsu tsi tsé tsè
tme tma tmo tmu tmi tmé tmè
mne mna mno mnu mni mné mnè
pte pta pto ptu pti pté ptè
cte cta cto ctu cti cté ctè

(15)

sta	ctè	slu	mne	sfi	tmé	sbo
pne	svu	pse	svi	tmè	sna	tsé
sfo	psé	smi	cnè	sma	pte	cnu
pnè	sva	tse	sbu	pnè	sli	pto
sla	psu	snè	pti	stè	mno	spe
cti	sné	mna	sbè	sni	tme	sfu
snu	sti	slè	pna	ctu	sbé	pni
cné	svo	psi	slo	ste	mnu	svè

---

sle	pnu	smé	psa	sti	psè	sno
cto	sfè	tso	sve	tmu	spi	cté
své	tmi	spu	tsè	pse	tmo	stu
tsu	spé	sfa	smo	cna	sne	ptè
smè	cto	mni	cte	sfé	sbe	sba
cno	sfe	tsa	pté	ptu	slé	cne
spa	tma	spè	pta	sté	mné	pso
mnè	sme	pno	smu	cni	sto	sbi

on	an	en	in	un	ou	oi
bon	ban	ben	bin	bun	bou	boi
pon	pan	pen	pin	pun	pou	poi
don	dan	den	din	dun	dou	doi
ton	tan	ten	tin	tun	tou	toi
mon	man	men	min	mun	mou	moi
non	nan	nen	nin	nun	nou	noi
von	van	ven	vin	vun	vou	voi
fon	fan	fen	fin	fun	fou	foi
lon	lan	len	lin	lun	lou	loi

ron	ran	ren	rin	run	rou	roi
zon	zan	zen	zin	zun	zou	zoi
son	san	sen	sin	sun	sou	soi
jon	jan	jen	jin	jun	jou	joi
chon	chan	chen	chin	chun	chou	choi
gon	gan	guen	guin	gun	gou	goi
con	can	quen	quin	cun	cou	coi
yon	yan	yen	—	yun	you	—
gnon	gnan	gnen	gnin	gnun	gnou	—

loi ron fou zan vun sen nin
bou zun vin von zen ben coi
sun foi ran pou fin gon guen
lin mou bon jen lan zon jun
pon chun voi rin nou chon san
jan don chen joi gun vou zin
fen sin gnou non noi run jon
mon len fun yen jin roi sou
quin fon zou nun chan dan moi

---

bin goi cun dou min ren quen
tou tan con yun pen toi tin
pan jou choi pin bun gnun dou
gnon chin man doi run din chou
ven gnan pun gnen soi non gan
lon nen rou van you ben mun
dun toi den ton yan gou ven
tou tun guin cou gnin men zoi
boi can lou fan lun yon ten

bron bran brin brun breu brou broi
pron pran prin prun preu prou proi
‑on dran drin drun dreu drou droi
tron tran trin trun treu trou troi
cron cran crin crun creu crou croi
‑on gran grin grun greu grou groi
fron fran frin frun freu frou froi
vron vran vrin vrun vreu vrou vroi

---

blon blan blin blun bleu blou bloi
plon plan plin plun pleu plou ploi
clon clan clin clun cleu clou cloi
lon glan glin glun gleu glou gloi
on flan flin flun fleu flou floi
ton stan stin stun steu stou stoi
pon span spin spun speu spou spoi
son psan psin psun pseu psou psoi
on xan xin xun xeu xou xoi

rin brou psan broi bran bleu vrun
eu plan spou blun pron spoi blin
lin proi plun pran pleu xan psou
eu xon prou clin xoi frun blan
oi prin dran vreu pson xou xun
in freu dron grun spon spoi vran
un ston troi tran drou drin greu
ou tron crun fran croi pseu vrin

an stoi flin creu trun cron flou
eu drun glan trou flon stin groi
oi glon treu gran frin crou clun
in gleu glou prun clan froi gron
ou fran cloi clon dreu spun spin
un grou fleu crin vroi plon vrou
oi flun psin plou fron preu plan
eu blon bloi stun blou vran grin
an frou xin breu vron brun gloi

bien	bain	ein	oin	ai	au
rien	pain	sein	oint	gai	eau
mien	faim	plein	soin	mais	beau
tien	vain	rein	foin	sais	sceau
sien	gain	frein	coin	vais	maux
lien	nain	feint	loin	quai	faut
viens	main	peint	point	lait	saut
chien	saint	ceint	moins	paix	faux

A B C D E
F G H I J
K L M N O
P Q R S T
U V X Y Z

LE-ÇONS DE LEC-TU-RE.

Il n'y a qu'un seul Dieu.
Dieu seul est grand et bon.
Ce grand Dieu a fait le ciel et la ter-re.
Il a cré-é l'hom-me a-vec un corps et u-ne â-me.
Nul ne peut voir Dieu ; mais Dieu nous voit.
Il lit dans tous les cœurs.
Il a dit : Sois saint, par-ce que je suis saint.
Que Dieu soit le maî-tre de ton cœur.
L'hom-me doit fai-re le bien et fuir le mal.
Crains le mal plus que la mort.
Ai-me Dieu plus que la vie.
Pri-ez Dieu a-vec foi et a-mour.
L'en-fant pi-eux est bé-ni de Dieu.
Nous som-mes tous pé-cheurs.
Nul ne con-naît tou-tes ses fau-tes.
ieu nous a don-né ses lois dans la Bi-ble.
rends donc la Bi-ble pour ton gui-de.

2

Le joug du Sei-gneur est doux et son far-deau lé-ger.

Sans la grâce de Dieu nous ne pou-vons rien.

Je suis le che-min, la vé-ri-té et la vie, a dit Jé-sus.

Il a dit aus-si : Lais-sez ve-nir à moi les pe-tits en-fans.

Crois au Sei-gneur Jé-sus, et tu se-ras sau-vé.

Il est ve-nu cher-cher et sau-ver ce qui é-tait per-du.

La foi est un don de Dieu.

La cha-ri-té est aus-si un don de Dieu.

La vraie foi pro-duit de bon-nes œu-vres.

Qui n'a pas la vraie foi, n'a pas la vraie cha-ri-té.

Si on croit, on ai-me.

Si on ai-me Dieu, on doit ai-mer ses frè-res.

Tous les hom-mes sont nos frè-res.

Don-nons-leur du pain, s'ils n'en ont pas.

Don-nons-leur la Pa-ro-le de Dieu, s'ils ne l'ont pas.

La Pa-ro-le de Dieu nour-rit l'â-me, com-me le pain nour-rit le corps.

No-tre â-me a plus de prix que no-tre corps.

Le corps pé-ri-ra, l'â-me vi-vra à tou-jours.

Jé-sus est mort sur la croix pour sau-ver nos â-mes.

Il est mort pour nous : vi-vons pour lui !

Nous vi-vons pour lui, si nous l'ai-mons et si nous lui o-bé-is-sons.

Christ qui est mort pour nous, est aus-si res-sus-ci-té pour nous.

Jé-sus, qui est res-sus-ci-té, est dans le ciel a-vec Dieu son Pè-re.

Il veil-le sur nous du haut des cieux.

Il re-vien-dra dans sa gloi-re, pour ju-ger les hom-mes.

Il nous de-man-de-ra si nous l'a-vous ai-mé, lui et nos frè-res.

Pas-sa-ges ex-traits de l'É-cri-tu-re sain-te.

Ap-pro-chez-vous de Dieu et il s'ap-pro-che-ra de vous.

Dieu ré-sis-te aux or-gueil-leux, mais il fait grâ-ce aux hum-bles.

Or il n'y a point d'au-tre Dieu que moi ; il n'y a point de Dieu fort, jus-te et sau-veur que moi. — Vous, tous les bouts de la ter-re, re-gar-dez vers moi, et soy-ez sau-vés ; car je suis le Dieu fort, et il n'y en a point d'au-tre.

Pri-ez sans ces-se.

Sei-gneur, en-sei-gne-nous à pri-er.

Veil-lez et pri-ez que vous n'en-triez point en ten-ta-ti-on.

Y a-t-il quel-qu'un par-mi vous qui souf-fre ? Qu'il prie.

Y a-t-il quel-qu'un qui ait l'es-prit con-tent ? Qu'il psal-mo-die.

Ren-dez grâ-ces à Dieu en tou-tes cho-ses.

Ne vous in-qui-é-tez d'au-cu-ne cho-se,

mais ex-po-sez vos be-soins à Dieu en tou-tes oc-ca-si-ons, par des priè-res et des sup-pli-ca-ti-ons, a-vec ac-ti-ons de grâ-ces.

Vous a-vez é-té a-che-tés à un grand prix; glo-ri-fiez donc Dieu en vo-tre corps et en vo-tre es-prit, qui ap-par-tien-nent à Dieu.

Abs-te-nez-vous de tout ce qui a quel-que ap-pa-ren-ce de mal.

Si quel-qu'un a pé-ché, nous a-vons un a-vo-cat au-près du Pè-re, sa-voir, Jé-sus-Christ le Jus-te.

Le sang de son Fils, Jé-sus-Christ, nous pu-ri-fie de tout pé-ché.

Vous gar-de-rez mes sab-bats, et vous au-rez en ré-vé-ren-ce mon sanc-tu-ai-re.

En-fans, o-bé-is-sez à vos pères et à vos mè-res; car ce-la est a-gré-a-ble au Sei-gneur.

Ne mé-di-sez point les uns des au-tres.

Que vo-tre dou-ceur soit con-nue de tous les hom-mes.

Si quel-qu'un dit: J'ai-me Dieu, et qu'il ha-is-se son frè-re, il est menteur ; car ce-lui qui n'ai-me point son frè-re qu'il voit, com-ment peut-il ai-mer Dieu qu'il ne voit pas? Et nous a-vons re-çu ce com-man-de-ment de lui : Que ce-lui qui ai-me Dieu, ai-me aus-si son frè-re.

Quand tu fais l'au-mô-ne, que ta main gau-che ne sa-che pas ce que fait ta droi-te.

Va, pa-res-seux, vers la four-mi ; re-gar-de ses voies, et sois sa-ge. El-le n'a ni chef, ni di-rec-teur, ni gou-ver-neur, et ce-pen-dant el-le pré-pa-re, en é-té, son pain, et a-mas-se du-rant la mois-son de quoi man-ger.

Par quel moy-en le jeu-ne hom-me ren-dra-t-il pu-re sa voie? Ce se-ra en pre-nant gar-de se-lon ta pa-ro-le.

Je ne suis qu'un jeu-ne hom-me qui ne sais point com-ment il faut se con-dui-re. Donne donc à ton ser-vi-teur un cœur in-tel-li-gent pour dis-cer-ner en-tre le bien et le mal.

C'est u-ne cho-se bon-ne à l'hom-me

de por-ter le joug en sa jeu-nes-se.

Ins-truis le jeu-ne en-fant à l'en-trée de sa voie ; lors mê-me qu'il se-ra de-ve-nu vieux, il ne s'en re-ti-re-ra point.

L'en-fant a-ban-don-né à lui-mê-me fait hon-te à sa mè-re.

Mon fils, don-ne-moi ton cœur, et que tes yeux pren-nent gar-de à mes voies.

Ve-nez, en-fans, é-cou-tez-moi, je vous en-sei-gne-rai la crain-te de l'E-ter-nel.

Main-te-nant donc, en-fans, é-cou-tez-moi ; car bien-heu-reux se-ront ceux qui gar-de-ront mes voies.

Toi donc, mon fils, for-ti-fie-toi dans la grâ-ce qui est en Jé-sus-Christ.

Rends-toi toi-mê-me en tou-tes cho-ses un mo-dè-le de bon-nes œu-vres.

Tout ar-bre qui est bon, por-te de bons fruits ; mais un mau-vais ar-bre por-te de mau-vais fruits.—Vous les con-naî-trez donc à leurs fruits.

Mon très-cher, n'i-mi-te pas ce qui est mau-vais, mais i-mi-te ce qui est bon.

Que si quel-qu'un de vous man-que de

sa-ges-se, qu'il l'a de-man-de à Dieu, qui la don-ne à tous li-bé-ra-le-ment, et el-le lui se-ra don-née.

Le Sei-gneur est fi-dè-le, qui vous af-fer-mi-ra, et vous pré-ser-ve-ra du mal.

Au res-te, nous vous pri-ons et nous vous con-ju-rons par le Sei-gneur Jé-sus, que, com-me vous a-vez ap-pris de nous de quel-le ma-niè-re il faut vous con-dui-re pour plai-re à Dieu, vous a-bon-diez en ce-la de plus en plus.

Jé-sus dit : Je suis le che-min, la vé-ri-té, et la vie ; per-son-ne ne vient au Pè-re que par moi.

Car la loi a é-té don-née par Moï-se ; mais la grâ-ce et la vé-ri-té est ve-nue par Jé-sus-Christ.

Soy-ez donc par-faits, com-me vo-tre Pè-re qui est dans les cieux est par-fait.

Et les Juifs é-taient é-ton-nés, et di-saient : com-ment cet hom-me sait-il les E-cri-tu-res, ne les ay-ant point ap-pri-ses ?

Jé-sus leur ré-pon-dit : Ma doc-tri-ne n'est pas de moi ; mais el-le est de ce-lui qui m'a en-vo-yé.

Si quel-qu'un veut fai-re la vo-lon-té de Dieu, il re-con-naî-tra si ma doc-tri-ne est de Dieu, ou si je par-le de mon chef.

Je suis de-ve-nu pru-dent par tes com-man-de-mens, c'est pour-quoi j'ai haï tou-te voie de men-son-ge.

Ta pa-ro-le sert de lam-pe à mon pied, et de lu-miè-re pour mon sen-tier.

J'ai ju-ré, et je le tien-drai, d'ob-ser-ver les or-don-nan-ces de ta jus-ti-ce.

E-le-vez vos yeux en haut, et re-gar-dez : Qui a cré-é ces cho-ses ?

C'est lui qui con-duit leur ar-mée par or-dre, et qui les ap-pel-le tou-tes par leur nom ; il n'y en a pas u-ne qui man-que à lui o-bé-ir, à cau-se de sa gran-de for-ce, et par-ce qu'il ex-cel-le en puis-san-ce.

Car ce ne sont pas ceux qui é-cou-tent la loi, qui sont jus-tes de-vant Dieu ;

mais ce sont ceux qui ob-ser-vent la Loi, qui se-ront jus-ti-fi-és.

Or quand les Gen-tils, qui n'ont point la loi, font na-tu-rel-le-ment les cho-ses qui sont se-lon la loi, n'ay-ant point la loi, ils se tien-nent lieu de loi à eux-mê-mes.

Ils font voir que ce qui est pres-crit par la loi, est é-crit dans leurs cœurs, puis-que leur cons-cien-ce leur rend té-moi-gna-ge, et que leurs pen-sées les ac-cu-sent, ou les dé-fen-dent;

Ce qui ar-ri-ve-ra au jour au-quel Dieu ju-ge-ra les ac-tions se-cret-tes des hom-mes, par Jé-sus-Christ.

Ne fais à per-son-ne ce que tu hais.

Ce qui sort de l'hom-me, c'est ce qui souil-le l'hom-me.

Car du de-dans, c'est-à-di-re, du cœur des hom-mes, sor-tent les mau-vai-ses pen-sées.

Je vous dis, que les hom-mes ren-dront comp-te au jour du ju-ge-ment de tou-tes les pa-ro-les im-pies qu'ils au-ront di-tes.

Dieu veut que tous les hom-mes soient sau-vés, et qu'ils par-vien-nent à la con-nais-san-ce de la vé-ri-té.

Dieu a tel-le-ment ai-mé le mon-de, qu'il a don-né son fils u-ni-que, a-fin que qui-con-que croit en lui ne pé-ris-se point, mais qu'il ait la vie é-ter-nel-le.

Tu ai-me-ras le Sei-gneur ton Dieu de tout ton cœur, de tou-te ton â-me, de tou-te ta pen-sée et de tou-te ta for-ce.

C'est là le pre-mier et le grand com-man-de-ment.

Et voi-ci le se-cond qui lui est sem-bla-ble : Tu ai-me-ras ton pro-chain com-me toi-mê-me.

De ces deux com-man-de-mens, dé-pen-dent tou-te la loi et les Pro-phè-tes.

Jé-sus dit : Si quel-qu'un m'ai-me, il gar-de-ra ma pa-ro-le, et mon

Pè-re l'ai-me-ra, et nous vien-drons à lui, et nous fe-rons no-tre de-meu-re chez lui.

Car il nous faut tous com-pa-raî-tre de-vant le Tri-bu-nal de Christ, a-fin que cha-cun re-çoi-ve se-lon le bien ou le mal qu'il au-ra fait é-tant dans son corps.

La pié-té est u-ti-le à tou-tes cho-ses, ay-ant la pro-mes-se de la vie pré-sen-te, et de cel-le qui est à ve-nir.

En-fans, o-bé-is-sez à vos Pè-res et à vos Mè-res, se-lon le Sei-gneur, car ce-la est jus-te.

Ho-no-re ton Pè-re et ta Mè-re ; c'est le pre-mier com-man-de-ment qui ait u-ne pro-mes-se.

A-fin que tu sois heu-reux, et que tu vi-ves long-tems sur la ter-re.

Dieu a don-né ce com-man-de-ment : Ho-no-re ton pè-re et ta mè-re ; et que ce-lui qui mau-di-ra son pè-re ou sa mè-re soit pu-ni de mort.

Je vous don-ne un com-man-de-ment

nou-veau, que vous vous ai-miez les uns les au-tres ; que com-me je vous ai ai-més, vous vous ai-miez aus-si les uns les au-tres.

C'est à ce-la que tous con-naî-tront que vous ê-tes mes Dis-ci-ples, si vous a-vez de l'a-mour les uns pour les au-tres.

Ai-mez vos en-ne-mis, bé-nis-sez ceux qui vous mau-dis-sent, fai-tes du bien à ceux qui vous ha-ïs-sent, et pri-ez pour ceux qui vous ou-tra-gent et qui vous per-sé-cu-tent.

A-fin que vous soy-iez en-fans de vo-tre Pè-re qui est dans les cieux ; car il fait le-ver son so-leil sur les mé-chans et sur les bons, et il fait pleu-voir sur les jus-tes et sur les in-jus-tes.

Nul ne peut ser-vir deux maî-tres ; car ou il ha-ï-ra l'un, et ai-me-ra l'au-tre ; ou il s'at-ta-che-ra à l'un, et mé-pri-se-ra l'autre : Vous ne pou-vez ser-vir Dieu et Mam-mon.

Quand vous pri-ez, n'u-sez pas de vai-nes re-di-tes com-me les Pa-yens ;

car ils croient qu'ils se-ront e-xau-cés en par-lant beau-coup.

Si vous par-don-nez aux hom-mes leurs of-fen-ses, vo-tre Pè-re cé-les-te vous par-don-ne-ra aus-si les vô-tres;

Mais si vous ne par-don-nez pas aux hom-mes leurs of-fen-ses, vo-tre Pè-re ne vous par-don-ne-ra pas non plus les vô-tres.

Ne soy-ez point en sou-ci, di-sant : Que man-ge-rons-nous ? que boi-rons-nous ? ou de quoi se-rons-nous vê-tus ?

Car ce sont les Pa-yens qui re-cher-chent tou-tes ces cho-ses ; et vo-tre Pè-re cé-les-te sait que vous a-vez be-soin de tou-tes ces cho-ses-là.

Mais cher-chez pre-miè-re-ment le roy-au-me de Dieu et sa jus-ti-ce, et tou-tes ces cho-ses vous se-ront don-nées par des-sus.

De-man-dez, et on vous don-ne-ra ; cher-chez, et vous trou-ve-rez ; heur-tez, et on vous ou-vri-ra.

Car qui-con-que de-man-de, re-çoit ;

et qui cherche, trouve ; et l'on ou-vre à ce-lui qui heur-te.

Ne ju-gez point, a-fin que vous ne soy-iez point ju-gés.

Car on vous ju-ge-ra du mê-me ju-ge-ment que vous au-rez ju-gé ; et on vous me-su-re-ra de la mê-me me-su-re que vous au-rez me-su-ré les au-tres.

Tou-tes les cho-ses que vous vou-lez que les hom-mes vous fas-sent, fai-tes-les leur aus-si de mê-me ; car c'est là la loi et les Pro-phè-tes.

Ceux qui me di-sent : Sei-gneur, Sei-gneur, n'en-tre-ront pas tous au Roy-au-me des cieux ; mais ce-lui-là seu-le-ment qui fait la vo-lon-té de mon Pè-re qui est dans les cieux.

Les yeux du Sei-gneur sont sur les jus-tes, et ses o-reil-les sont at-ten-ti-ves à leurs pri-è-res ; mais sa fa-ce est con-tre ceux qui font le mal.

Com-me un pè-re est é-mu de com-pas-sion en-vers ses en-fans, l'E-ter-nel est tou-ché de com-pas-sion en-vers ceux qui le crai-gnent.

www.ingramcontent.com/pod-product-compliance
Lightning Source LLC
Chambersburg PA
CBHW061016050426
42453CB00009B/1473